FRANCISCO CALVO SERRALLER

Breve historia
del Museo del Prado

Alianza Editorial

Diseño de cubierta: Ángel Uriarte
Ilustración de cubierta:
Bernardo López, *Retrato de la Reina Isabel de Braganza*
(fragmento)
Museo del Prado, Madrid. Fotografía Oronoz

A los trabajadores del Museo del Prado

Calle J. I. Luca de Tena, 15, 28027 Madrid; teléf. 741 66 00
ISBN: 84-206-4656-3
Depósito legal: B. 37330-94
Impreso en Novoprint, S.A.
Printed in Spain

Alianza Cien
pone al alcance de todos
las mejores obras de la literatura
y el pensamiento universales
en condiciones óptimas de calidad y precio
e incita al lector
al conocimiento más completo de un autor,
invitándole a aprovechar
los escasos momentos de ocio
creados por las nuevas formas de vida.

Alianza Cien
es un reto y una ambiciosa iniciativa cultural

TEXTOS COMPLETOS

1. El origen de los museos públicos

El 19 de noviembre de 1819, hace ciento setenta y cinco años, se inauguró el Museo del Prado, o, como entonces se le denominaba, el Museo Real de Pinturas, pues sus fondos procedían de las colecciones de los reyes de España. Fue uno de los primeros museos públicos que se crearon, siguiendo el modelo francés del Louvre, que abrió sus puertas el 11 de agosto de 1793, dos años después de que fuera aprobada su constitución por el entonces bisoño gobierno revolucionario de la República. De hecho, la creación de museos públicos fue una de las ideas más ardientemente promovidas por la Revolución Francesa, ideas que luego fueron llevadas a la práctica por toda Europa gracias al imperio napoleónico.

Evidentemente, la invención del museo data de mucho más antiguo, como lo delata el propio término, que es una palabra griega que significa «lugar de las musas», o, en una interpretación más libre, algo así como «lugar de la inspiración». En realidad, la idea de crear un museo es históricamente tan remota como la pasión humana por coleccionar o atesorar objetos, que se remonta a la misma noche de los tiempos. En todo caso, las colecciones toman forma como museos en la cultura occidental, a partir, como tantas otras cosas, de la antigua Grecia, pero se convierten en lo que son hoy aproximadamente desde el siglo XVIII, cuando triunfan las ideas revolucionarias de la Ilustración, lo que explica que haya sido en nuestra época el gran momento de la proliferación infinita de este tipo de instituciones.

Así pues, la clave distintiva de nuestros museos, respecto a todos los precedentes de los siglos anteriores, consiste no sólo en su carácter público, sino, consecuentemente, en su finalidad educativa. En efecto, el nuevo Estado consideraba la educación y la cultura instrumentos primordiales para combatir la desigualdad social heredada, por lo que trató de que se universalizasen empleando todos los medios a su alcance, cada vez más poderosos. En este sentido, aunque las obras de arte, por su naturaleza suntuaria, resultaban comparativamente más difíciles de democratizar, los poderes públicos también se empeñaron en su promoción social a través precisamente de los museos. Éstos no tenían necesariamente que estar dedicados al arte, pero los que sí lo estaban enseguida cobraron una mayor importancia y prestigio, tanto por el altísimo valor económico de esta clase de objetos, como por su ejemplar significación histórica, que, además, reflejaba idealmente la identidad nacional de una colectividad, algo fundamen-

6

tal para el nuevo modelo de Estado que se estaba imponiendo en la naciente época contemporánea.

Convertidos los museos públicos en los templos de la sociedad secularizada, debieron simultáneamente hacer compatibles el anhelo social de nacionalizar el patrimonio artístico de un país y el de refrendar la naturaleza universal, cosmopolita, del arte. De esta manera, al satisfacer la aspiración humanista de universalidad a través de la experiencia histórica concreta y particular de un pueblo, y, asimismo, al lograr un cierto sentido de trascendencia, como le había sido propio hasta entonces a la religión ahora declinante, a través de un conjunto de carismáticos objetos materiales, el museo adquirió una extraordinaria significación social. Por otra parte, hay que insistir en que los museos eran prácticamente el único instrumento del que disponía el Estado para una eficaz democratización del arte, que, inicialmente, sólo constaba de ejemplares únicos y apreciados precisamente por ser únicos.

Volviendo ahora, no obstante, sobre la historia de la creación del Museo del Louvre, que se convirtió en el modelo del resto de los museos europeos, importa resaltar su original vocación «nacionalizadora» de un patrimonio artístico hasta entonces detentado casi en exclusiva por la aristocracia y la Iglesia, así como, en relación directa con esa voluntad de servicio público, su orientación didáctica y recreativa. En este sentido, pronto apuntó una polémica entre si los criterios rectores de la nueva institución deberían responder a un patrón «artístico» o a otro «histórico», siendo esta última la forma de denominar, en aquel momento, a lo que después, de una manera más pedante, se conocerá como «científico». Huelga casi decir que lo que se ventilaba tras la primera opción era la de un museo dirigido por artistas, mientras que, tras la segunda, la de un museo dirigido por historiadores del arte o arqueólogos. En cualquier caso, fuera cual fuese la opción elegida, el nuevo museo público no sólo se dedicó a acumular el máximo número de obras de arte, sino a presentarlas de una manera ordenada, aunque, inicialmente, la razón de este orden basculara entre el modelo barroco, más efectista y ornamental, o el modelo ilustrado, basado en un sistema de progresión histórica, sesgado mediante la articulación de las diferentes escuelas nacionales.

2. *Principales antecedentes españoles del Museo del Prado*

Todo esto naturalmente también repercutió en la fundación y el desarrollo histórico del Museo del Prado, que se inauguró oficialmente, como ya se dijo al principio, en 1819, pero no sin que previamente se dejaran de suceder una serie de acontecimientos preparatorios o antecedentes, que conviene ahora glosar de forma abreviada. El más significativo, sin duda, fue el frustrado proyecto del no menos frustrado monarca José Bonaparte, ese que justamente se conoce como «Museo Josefino», cuyo decreto fundacional fue publicado el 21 de diciembre de 1809. Los cuatro artículos de los que constaba dicho decreto apenas si aclaraban que el museo se ubicaría en Madrid, pero aún sin determinar exactamente la sede; que, además, se seleccionaría un conjunto con los mejores maestros españoles para enriquecer el Museo Napoleón, de París, «siendo —se decía— un monumento de la gloria de los artistas españoles»; y, en fin, que también se emplazarían cuadros en diferentes dependencias oficiales. Quizá lo más interesante de este primer decreto era su preámbulo, puesto que reflejaba tanto esa doctrina revolucionaria que inspiró la creación de los primeros museos públicos, como su puesta en práctica por el imperio napoleónico. «Queriendo en beneficio de las bellas artes —comenzaba—, disponer de la multitud de quadros, que separados de la vida de los conocedores, se hallan hasta aquí encerrados en los claustros; que estas muestras de las obras antiguas más perfectas sirvan como de primeros modelos y guías a los talentos; que brille el mérito de los célebres pintores españoles, poco conocidos de las naciones vecinas, procurándoles al propio tiempo la gloria inmortal que merecen tan justamente... hemos decretado...»

Con esta iniciativa José Bonaparte no hacía sino efectivamente continuar la política imperial napoleónica, que había impulsado a Luis Bonaparte, a la sazón rey de Holanda, a fundar el Koniklijk Museum, de Amsterdam, antecedente directo del actual Rijksmuseum, el 21 de abril de 1808, o al rey Jerónimo Napoleón, de Westfalia, a hacer otro tanto en la ciudad de Cassel. En

todo caso, de todas estas iniciativas de la familia Bonaparte, la única que acabó cuajando por completo fue la
de la Pinacoteca Brera, de Milán, que se inauguró el 15
de agosto de 1809, unos pocos meses antes, por tanto,
de que apareciera el decreto fundacional del Museo Josefino, de Madrid, al que, por cierto, se pensó ubicar en
el Palacio de Buenavista, aunque, en vista a las dificultades funcionales que este edificio planteaba para un
adecuado uso museístico, hubo también un anteproyecto de utilización de la aún no terminada Academia de
Ciencias Naturales del Paseo del Prado, precisamente
la que posteriormente daría origen al actual Museo del
Prado, pero que entonces estaba sirviendo como acuar-
telamiento de las tropas francesas en Madrid.

La suerte de la Guerra de la Independencia acabó,
como se sabe, con este proyecto, que, de todas formas,
fue el antecedente más claro de lo que, diez años después, supondría la inauguración del Museo del Prado.
También es cierto que hubo otros precedentes, más o
menos difusos, como el que se ideó en 1800 durante el
reinado de Carlos IV, pero ni éste, que apenas se podría
calificar como anteproyecto, ni el espigamiento de otros
testimonios ilustrados, que no traspasaron el umbral de
meras declaraciones desiderativas, pueden servirnos de
otra cosa que simplemente para mostrar que la creación de un museo era algo que estaba madurando entre
los políticos españoles de ese momento dominado por
las Luces.

Por lo demás, hubo una diferencia muy significativa
entre estos precedentes y la definitiva creación del Mu-

seo Real de Pinturas que promovió Fernando VII, y ésta radicó en la naturaleza de sus fondos, pues, como ya se apuntó al principio, el museo inaugurado en 1819 se constituyó exclusivamente con los cuadros de la colección real, lo que, como veremos, determinó bastante la historia y la personalidad de la institución. Sea como sea, antes de dicha inauguración se consumió un tiempo no breve entre deliberaciones y planes, que conviene traer a colación muy someramente.

3. Las razones de Fernando VII para fundar un museo

El primer dato curioso al respecto fue la prontísima manifestación del deseo de crear un museo de pinturas por parte del recién repuesto monarca, Fernando VII, que entró triunfalmente en Madrid el 13 de mayo de 1814 y, antes de que hubieran transcurrido un par de meses, el 4 de julio de ese mismo año, ya firmaba una Real Orden declarando su intención de ceder el requisado Palacio de Buenavista a la Academia de San Fernando para disponer en él una galería de pinturas y otros objetos de interés artístico, galería a la que, además, el propio monarca se comprometía a proveer con obras sobrantes de los Reales Sitios. No conocemos con precisión el motivo de esta súbita munificencia por parte de un rey que no destacó especialmente por su pasión por el arte contemporáneo, pero, por de pronto, es casi seguro que debió sentirse influido por la iniciativa precedente del «usurpador» José Bonaparte, así como por haber podido constatar el interés que habían manifestado todos los extranjeros combatientes en suelo español durante la Guerra de la Independencia por nuestro patrimonio artístico.

Junto a estas razones de peso, también se han manejado otras motivaciones, que, por comparación, hay que calificar de menudas, como, por ejemplo, la instigación de determinados personajes del círculo íntimo y hasta familiar del monarca. Entre éstos destaca uno, bastante enigmático, Isidoro Montenegro y Marentes, que le había acompañado durante su exilio en Francia, y que, tras la restauración, ocupó cargos cortesanos de confianza, como el de manejar los «fondos reservados» del Rey, a partir de los cuales se dotó al recién creado Museo. De hecho, años más tarde, el tal Montenegro se atribuía el haber sido el promotor de la iniciativa sin que entonces nadie le discutiera el privilegio. También debió desempeñar un no pequeño papel en la empresa doña Isabel de Braganza, la Reina, de la que sabemos era una muy buena aficionada a las artes y a la que retrató póstumamente Bernardo López, representándola de cuerpo entero, apoyando una mano sobre los planos del Museo y señalando con la otra al edificio de Villanueva, cuya silueta se recorta al fondo del cuadro.

Rey inicialmente más deseado que ninguno, pero también muy pronto más odiado que lo que cabe imaginar, Fernando VII no se libró de las leyendas negativas más peregrinas, incluso en relación con los temas más políticamente irrelevantes o inocuos. En este sentido, y en lo que atañe a la fundación del Museo del Prado, corrió la especie, de la que se haría eco un ilustre viajero romántico, el británico Richard Ford, de que el Rey había transferido al naciente museo tan rica selección de sus mejores cuadros para así poder decorar el Palacio Real con el empapelado de las paredes, al dictado de la moda francesa. Fuera como fuese, no hace falta entrar a calibrar lo que pudiera haber de veraz en esta maliciosa interpretación, porque, frente a ella, no sólo se impone la rotundidad fáctica de la generosa iniciativa, sino la más elocuente de haber costeado Fernando VII de su propio bolsillo los muchos gastos de la remodelación del edificio y, sobre todo, los de su ulterior mantenimiento.

4. *Historia del Real Museo de Ciencias Naturales*

Pero ya que estamos hablando de la remodelación del edificio, conviene saber que la causa principal del lapso de tiempo que transcurrió entre la primera declaración documental en la que el Rey manifestaba su deseo de crear un museo y la inauguración oficial de éste, esos cinco años que separan 1814 de 1819, se consumieron principalmente en la búsqueda de cuál sería el emplazamiento ideal y, una vez decidido, que debería ser el inacabado y destartalado Real Museo de Ciencias Naturales, en su remodelación y adecentamiento. Aunque parezca mentira, se tardó mucho menos en lo segundo que en lo primero, lo que nos hace suponer que esas dudas acerca de cuál había de ser el emplazamiento ideal debieron estar acompañadas de graves dificultades de tesorería, muy lógicas en un país recientemente esquilmado por una cruenta guerra. En todo caso, el proyecto tomó un impulso definitivo en 1818, fecha en la que se decidió utilizar el edificio de Villanueva como sede del nuevo museo, quedando prácticamente ultimadas las obras en el verano de 1819, aunque se pospuso la inauguración hasta noviembre de ese mismo año por aguardar a la celebración de los nuevos esponsales de Fernando VII con su tercera mujer, doña María Josefa Amalia de Sajonia.

Sobre el edificio en cuestión, el tradicionalmente conocido como Real Museo de Ciencias Naturales, cuya cimentación comenzó en 1785 y cuyo virtual remate se producía en 1808, Antonio Rumeu de Armas publicó una interesante investigación, en la que demostraba que se trataba de una mucho más ambiciosa iniciativa, consistente en una Academia de Ciencias, que, además de albergar, como se creía, un gabinete de historia natural, dispondría de laboratorios de química, un gabinete de máquinas, una escuela de mineralogía y un observatorio astronómico. Desde luego, sólo así se comprenden las enormes dimensiones del edificio y su privilegiado emplazamiento en el Prado de los Jerónimos, una de las zonas urbanísticamente más mimadas por el emprendedor Carlos III. Parece ser que el primer causante del equívoco al transformar tan vasto proyecto científico en un simple Museo de Ciencias Naturales fue el arquitecto encargado de la obra, Juan de Villanueva, pero el desmedramiento fáctico de su contenido tuvo que ver con la marcha de los acontecimientos, de manera que, aún continuándose las obras, ya en época de Godoy, había poco interés en dotarlo con el uso científico con el que originalmente había sido planeado. Por lo demás, el destrozo que en él ocasionaron las tropas francesas, que lo convirtieron en cuartel de caballería y que aprovecharon los ricos emplomados de su techumbre para la fabricación de balas, dejaron en un estado lamentable este bello e imponente edificio antes incluso de que pudiera cumplir con ninguna función.

5. *Características del edificio de Villanueva y sus posteriores remodelaciones*

Se puede comprender entonces que, estando en semejante ruina y ocupando un lugar tan bello y concurrido como el Paseo del Prado, Fernando VII y sus consejeros se fijaran en él como esa tan buscada sede del nuevo museo de pinturas, ya que, además de adecuarse perfectamente para este cometido, se lograba restaurar una fábrica tan noble y tan visiblemente mal tratada. La obra diseñada por Juan de Villanueva desde luego se lo merecía, con sus tres grandes cuerpos, unidos entre sí por dos alargadas galerías. Muerto Villanueva, intervino en su remodelación y adecentamiento el mejor discípulo de éste, Antonio López Aguado, que fue quien lo dejó listo para inaugurar en 1819. De todas formas, desde esta primera apertura oficial del Museo hasta la actualidad, el edificio ha sufrido notables transformaciones, un poco al hilo de la progresiva importancia que fue adquiriendo la institución y el correspondiente incremento de sus colecciones. En este sentido, al principio se trató de subvenir a las necesidades de espacio acometiendo la construcción de las partes proyectadas por Villanueva, pero que aún restaban por edificar; posteriormente, mediante la transformación de algunos cuerpos o el simple adicionamiento de salas nuevas.

Haciendo ahora, en todo caso, un somero repaso de las principales intervenciones llevadas a cabo en el edificio a través de su ya dilatada historia, hay que destacar al menos una media docena. Antes de comentarlas, conviene completar con más detalle ese proyecto original de Villanueva, que estaba estructurado en tres cuerpos y sendas galerías de enlace. Pues bien, el cuerpo central estaba realzado con un pórtico exterior monumental y se prolongaba hasta formar una edificación a modo de basílica. De esta manera, y según la autorizada interpretación de Fernando Chueca, el conjunto completo respondería a una secuencia, que, de norte a sur, y en relación con los tres cuerpos monumentales reseñados, podría describirse como vestíbulo, basílica y palacio, correspondiéndose el primero con la hoy denominada Puerta de Goya y el último con la también hoy conocida como Puerta de Murillo, frontera con el Jardín Botánico.

Pero, encarando ya esa relación sustancial de intervenciones acometidas en el edificio de Villanueva, debemos comenzar por la que supuso la construcción de la basílica y el ábside del cuerpo central en 1853, según el diseño de Narciso Pascual Colomer, a la que le sucedieron las siguientes: entre 1882 y 1885, la transformación de la fachada norte, que emprendió Francisco Jarreño, el cual vació el terraplén allí existente y, en su lugar, adosó una espectacular escalera monumental, además de modificar la llamada sala de Isabel II y abrir ventanas en la parte baja cegada, ambas producto de la anterior intervención de Colomer en el cuerpo central; en 1920 se inauguraron las salas ampliadas en la parte posterior del edificio, obra esta de Arbós; en 1927, Pedro Muguruza hizo una bellísima remodelación en hormigón de la galería central, siendo este mismo arquitecto el que, años más tarde, en 1943, modificaría la escalera monumental de la fachada norte con vistas a lograr una mejor iluminación en la enterrada cripta de la parte baja; en 1956 y 1967, respectivamente, se realizaron sendas ampliaciones de las salas, siendo los autores de las primeras Chueca y Lorente.

Un recuento exacto de todas las intervenciones, incluidas las de naturaleza tecnológica, como las obras de climatización artificial del Museo, resultaría innecesariamente prolijo, de manera que nos vamos a conformar con las antes citadas, que son las que verdaderamente han configurado el aspecto actual del edificio ideado por Juan de Villanueva. Como quiera, no obstante, que, tras la postrera ampliación de salas de 1967, persistían las estrecheces de espacio, pues no sólo crecía la colección, sino que se modificaba el criterio de exposición tradicional heredado del siglo XIX, se comenzó a pensar en buscar un desahogo en otro edificio colindante, teniendo en cuenta que nuevas intervenciones en el de Villanueva ya sólo eran concebibles a partir de una gravísima alteración de su estructura original, lo que supondría un atentado a una pieza singularísima de nuestro patrimonio arquitectónico. Desde esta perspectiva, se explica la decisión de incorporar, en 1971, el Casón del Buen Retiro al Museo del Prado, aprovechando una redistribución de las colecciones nacionales. De esta manera, a partir de esta fecha, el Casón fue llenado con las obras de los siglos XIX y XX que pertenecían al Prado.

Así y con todo, nuevos problemas asediaron al Museo, como los derivados de la afluencia masiva de visitantes y los servicios públicos que comportaban. A partir aproximadamente de la década de los sesenta, cuando, al socaire de la prosperidad económica del mundo occidental, se produjo una formidable industria turística de masas, los mejores museos del mundo se convirtieron en lugares de visita obligada, desbordándose por completo su capacidad tradicional de recepción de público. Con ello también varió sustancialmente el tipo de visita, que se hizo más exigente, pues se había elevado asimismo el nivel de información. En este sentido, los grupos organizados y las estancias prolongadas en el Museo, entre otras vicisitudes, plantearon un variopinto catálogo de nuevos usos museísticos, como salas de recepción, de conferencias, de proyección, biblioteca, etc., pero también lugares de descanso y esparcimiento, como cafeterías y restaurantes, por no hablar ya de los guardarropas, equipamientos sanitarios y la adecuación espacial y técnica para los visitantes con minusvalías físicas. Fue entonces, además, cuando se comprendió la simultánea necesidad de reduplicar los efectivos humanos con los que contaban los museos, ya que, en función de lo antes expuesto, no sólo era necesario multiplicar el personal de celadores, sino incorporar toda una serie de nuevos oficios más o menos sofisticados, así como, por supuesto, ampliar considerablemente el número de conservadores y restauradores, la única forma para que, como se puso de moda decir entonces, el Museo no pareciera «muerto».

Todo esto supuso una verdadera revolución en la vida de los museos, que iniciaron cambios que distan aún mucho de estar concluidos. El Museo del Prado sintió en su propia estructura del histórico edificio de Villanueva los primeros síntomas del desbarajuste con motivo de las obras de climatización artificial, que asediaron la vida de la institución en la segunda mitad de la década de los setenta, a la vez que replantearon todo el resto de las nuevas necesidades, cuya puntual satisfacción implicaba la correspondiente pérdida de espacio expositivo. Tal es la razón de que, durante la pasada década de los ochenta, arreciaran las peticiones de ampliación exterior del Museo, que hoy, en el año en que conmemora el 175 aniversario de la institución, todavía siguen en pie.

6. *Organización del Museo del Prado en su periodo constituyente*

En todo caso, transcurridos doscientos nueve años desde que comenzara la cimentación del edificio originalmente pensado como sede de un Museo de Ciencias Naturales o Academia de las Ciencias, y, una vez concluido y remodelado, los ciento setenta y cinco de existencia histórica como Museo del Prado, hay que regresar de nuevo al origen de la institución como sede de la más importante colección artística de nuestro país y, sin duda, una de las más prestigiosas del mundo en su género. Recuerdo, así pues, que nos habíamos quedado en el punto en el que Fernando VII había manifestado, nada más regresar a España tras su exilio forzado en Francia, el deseo de crear un museo artístico, y cómo, en 1818, se había perfilado ya su definitivo emplazamiento en el entonces deteriorado edificio de Villanueva. Evidentemente, la relación de los cambios habidos en el edificio, someramente descrita en las líneas precedentes, fue debida al incremento progresivo de la colección y a la importancia social que ésta fue adquiriendo nacional e internacionalmente. Esto significa que, tras los cambios físicos del Museo, hay que buscar siempre cambios sociológicos y políticos, con sus correspondientes secuelas administrativas.

De esta manera, creado el Museo por un decreto publicado en 1818, la primera pregunta que ahora se impone es la que inquiere acerca de cómo fue su primer sistema de organización diseñado. Pues bien, la primera medida política fue el nombramiento como director del Museo de don José Gabriel de Silva Bazán, marqués de Santa Cruz, que a la sazón ocupaba el cargo de mayordomo mayor del Palacio Real. Fue ésta una designación que concordaba no sólo con la mentalidad Antiguo Régimen del absolutista Fernando VII, sino también, y casi habría que decir sobre todo, con el hecho indiscutible de ser el nuevo Museo de su particular propiedad. La primera etapa histórica del Prado, la que va desde 1819 hasta 1838, estuvo regida, por tanto, administrativamente, por un criterio señorial, pues todos los directores fueron indefectiblemente miembros destacados de la nobleza española vinculados con el servicio palaciego. Además del marqués de Santa Cruz, que apenas si ocupó el cargo un año, entre 1819 y 1820, los tales fueron los siguientes: el príncipe de Anglona, entre 1820 y 1823; el marqués de Ariza, entre 1823 y 1826 y el duque de Híjar, entre 1826 y 1838. En todo caso, como ya había ocurrido antes con la Academia de Bellas Artes de San Fernando, fundada justo en el ecuador del siglo XVIII, estas prebendas directivas encomendadas a la nobleza no dejaron de estar convenientemente acompañadas por la asesoría técnica de expertos, que no podían ser otros que los artistas. Así, junto a la dirección del Museo otorgada a Santa Cruz, se crearon los puestos de asesor artístico y de conserje mayor —administrador—, que recayeron respectivamente en Vicente López, que era primer pintor de cámara, y Luis Eusebi, un pintor miniaturista, que había destacado por su afición y notables conocimientos en historia del arte. En esta primera etapa, José de Madrazo sustituyó a Vicente López en el fundamental papel de asesoría artística a la muerte de éste, inaugurando con ello, a continuación, una serie de directores artistas.

Por lo demás, durante esta primera etapa de la vida del Museo, que podemos calificar de constituyente, el sostenimiento financiero de la institución corrió a cargo del «bolsillo secreto» del Rey, lo que desdice la leyenda del desinterés o la mezquindad de Fernando VII en relación con este proyecto. Santiago Alcolea, por ejemplo, se ha molestado en calcular la equivalencia actual de lo entonces invertido, lo que, según él, supuso, respecto a lo gastado en la remodelación y adecentamiento del edificio, unos ciento sesenta millones de pesetas de hoy, mientras que la asignación mensual de mantenimiento rozaría los cinco millones de pesetas. A esto habría que añadir que los salarios de la dirección, conserjería y portería, más los restantes gastos de intendencia, también fueron sufragados por el monarca. Por último, y para hacer justicia frente a la insidia, también hay que advertir que, desde la inauguración del Prado y hasta la muerte del Rey, acaecida en 1833, esto es, durante casi quince años, se autorizaron todas las requisas de cuadros, propiedad del Rey, allí donde estuvieran emplazados, por no hablar ya de la política de nuevas adquisiciones, que comenzaron con la compra de una *Trinidad,* de Ribera, llevada a cabo el 5 de abril de 1820, apenas medio año después de que se abrieran las puertas del Museo, y a expensas del bolsillo del monarca.

De hecho, el incremento de la colección del Museo durante estos primeros quince años de existencia fue espectacular, ya que en la inauguración contaba tan sólo con 311 pinturas de la Escuela Española, mientras que, en 1827, había almacenados en los depósitos unos cuatro mil cuadros. En cierta manera, el aumento de la colección estaba previsto en el plan original y respondía a la progresiva habilitación de espacio, pero, en todo caso, no hace sino reforzar la idea de un unitario y generoso esfuerzo por parte de Fernando VII para dar relumbre al Museo, que de esta manera no tardó en alcanzar resonancia internacional.

Por otra parte, el naciente Museo se hizo eco de los criterios más avanzados del momento, sin olvidarnos de que la idea misma de abrir un museo público era, por aquel entonces, todavía una novedad. En este sentido, resulta elocuente lo publicado en la *Gaceta* como explicación del proyecto, justo la víspera de la inauguración oficial del Museo: «Entre otros pensamientos de utilidad común que ha inspirado al Rey nuestro Señor el ardiente deseo que le anima el bien de sus vasallos, y de propagar el buen gusto en materia de Bellas Artes, fue uno el de formar y franquear al público una copiosa colección de cuadros nacionales y extranjeros por el orden de las diferentes escuelas: establecimiento que al mismo tiempo que hermoseaba la capital del reino, y contribuía al lustre y esplendor de la nación, suministraba a los aficionados ocasión del más honesto placer y a los alumnos de las artes del dibujo los medios más eficaces de hacer rápidos adelantamientos. Destinó

S. M. para tan digna empresa la gran copia de preciosas pinturas que estaban repartidas por sus preciosos Reales Palacios y casas de campo y señaló fondos para habilitar los salones y galerías del magnífico edificio del Museo del Prado, donde la colección había de colocarse. Su augusta esposa, la Sra. D.ª María Isabel de Braganza, que Dios goce, movida de los mismos deseos que S. M., se dignó también proteger y alentar este importante proyecto; y al cabo de año y medio que se ha trabajado en su ejecución, está ya concluida una gran parte de la obra, donde se han ordenado después de bien limpios y restaurados los cuadros de la escuela española, que tanto se distingue aun entre las de otras naciones que han cultivado con gloria las nobles artes; y se continúa la obra para habilitar sucesivamente los salones que deben contener las pinturas de las escuelas italiana, flamenca, holandesa, alemana y francesa; pero no queriendo S. M. dilatar a sus amados vasallos el gusto y la utilidad que pueden resultarles de tener reunidas a su vista las más sobresalientes producciones de los pintores que han honrado con ellas a la nación, se ha dignado resolver desde luego se franquee la entrada al público, y que desde el día 19 del corriente mes de Noviembre esté abierto el Museo por ocho días consecutivos, excepto los lluviosos y en que haya lodos, y en lo restante del año todos los miércoles de cada semana, desde las nueve de la mañana hasta las dos de la tarde.»

No creo que se puedan compendiar mejor que lo expresado en el texto que acabamos de reproducir la razón de ser, el funcionamiento y la finalidad de un museo público, con la única peculiaridad diferencial, respecto a otros modelos contemporáneos, que en el Prado todo dependía del Rey: la colección y los gastos de mantenimiento. Muy destacable me parece asimismo lo que allí se dice sobre la Escuela Española, subrayando su «diferencia» de las restantes y reivindicando su importancia, pues, por aquellas fechas, reflejaba el mismo criterio romántico destinado a imponerse internacionalmente las décadas siguientes, además de fijar precozmente lo que será la personalidad estética del Prado.

Sea como sea, el Museo se abrió al público en la fecha reseñada y con las 311 obras españolas seleccionadas, que fueron dispuestas en la rotonda y galería del norte, la parte entonces ya construida y adecentada del proyecto de Villanueva. Conocemos, por lo demás, cuáles fueron los cuadros seleccionados y exhibidos, gracias a la publicación del catálogo que confeccionó Luis Eusebi. Predominaban los cuadros de Velázquez y Murillo —más de cuarenta de cada uno—, pero también había veintiocho lienzos de Ribera, quince de Juan de Juanes, seis de Zurbarán y, en fin, de casi todos los grandes maestros de nuestro país, como Carreño, Valdés Leal, Cano, Claudio Coello, Sánchez Coello, Palomino, Mazo, etc., siendo muy de destacar la presencia de artistas contemporáneos, como Bayeu, Maella o Paret, algunos de los cuales aún estaban vivos, como José de Madrazo, Aparicio y el mismísimo Goya.

Respecto a la reacción del público local ante la apertura del Museo, que no fue inmediatamente estruendosa, resulta curioso, sin embargo, constatar que se produjeron críticas bastante parejas a las que se habían ocasionado en Francia con motivo de la inauguración del Louvre, pues se atacaron la no disposición cronológica de los cuadros y las deficientes restauraciones a las que habían sido sometidos algunos. Se puede afirmar, por tanto, que el Museo había iniciado su andadura con buen pie y que, pronto, había de demostrar que ninguna contrariedad iba a impedir su voluntad de seguir avanzando, ni siquiera los tan peligrosos avatares políticos, ya que, al poco de inaugurarse, se produjo la sublevación de Riego, sin que esta circunstancia alterara la vida de la institución nada más que en el cambio de su director, que ahora fue un simpatizante de los liberales, el príncipe de Anglona, cuyos criterios museísticos no variaron, sin embargo, de los del cesado marqués de Santa Cruz.

7. *Cuando los directores del Prado eran grandes de España*

En realidad, ni este efímero y malahadado episodio liberal, durante el cual el «progresista» Anglona sustituyó al «servil» Santa Cruz, ni la posterior restitución absolutista a cargo de los llamados «cien mil hijos de San Luis», que inicialmente comportó la ocupación del puesto directivo por el marqués de Ariza, significaron cambios de orientación en la entonces decididamente ascendente marcha del Museo del Prado. De hecho, la única anécdota reseñable y ciertamente muy reseñada en este periodo de siniestro vaivén político fue la extraña publicación de la traducción francesa del catálogo de Luis Eusebi, ya en tercera edición. El móvil de tan singular iniciativa fue, sin duda, ese coyuntural aluvión de militares galos, que atravesaron la frontera española el 7 de abril de 1823 al mando del duque de Angulema y que al poco sentaban sus reales en Madrid; mas, en todo caso, también revela el prestigio internacional que había alcanzado el Museo del Prado, que, poco después, a comienzos de la siguiente década, mereció elogiosísimas reseñas en algunas de las mejores revistas culturales del país vecino, siendo, además, sus autores, Merimée y Viardot. No hay que olvidar tampoco que, durante esta década de los treinta, la que marcó el triunfo apoteósico del romanticismo, fue cuando se puso de moda la Escuela Española, cuyo éxito masivo se apoyó en la apertura en París del mítico Museo Español de Luis Felipe, un museo de oprobiosa memoria para los españoles que permitieron y hasta alentaron la pérdida de algunas de nuestras mejores obras, pero que asimismo sirvió no sólo, como se ha dicho, para divulgar el hasta entonces poco conocido y no pocas veces denostado estilo español, sino, sobre todo, para convertir a éste en un punto de referencia mítico para las sucesivas vanguardias artísticas parisinas, desde el romanticismo al impresionismo, y eso a pesar de que el célebre museo español no logró sobrevivir mucho tiempo a causa de los avatares políticos que llevaron a Luis Felipe de Orleans, el «rey burgués», al exilio. De cualquier manera, a partir de esta década de los treinta parecía claro que ningún europeo culto podía prescindir de hacer el obligado *tour* por España y rendir la correspondiente visita al Museo del Prado.

Pero, volviendo a la historia cotidiana y menuda del Prado, por aquel entonces y hasta el fallecimiento de Fernando VII en constante progresión, apenas si hay que resaltar la manifiesta dejación de responsabilidad directiva —vulgo, desinterés— por parte del marqués de Ariza, que gustosamente declinó en su función a favor del duque de Híjar, su sobrino, el cual, empero, unánimemente es recordado como uno de los mejores directores que han regido la institución. Quizá resulte más sorprendente la actitud desdeñosa o distanciada de Ariza respecto al Prado, porque no tuvo parangón en esta primera etapa del Museo, durante la cual sus pares nobiliarios, Santa Cruz, Anglona y el recién citado Híjar, todos sin excepción se empeñaron en la labor con notable entusiasmo y acierto, al margen, eso sí, de que las incidencias políticas descritas acortasen o alargasen su mandato. El de Híjar fue con mucho el más dilatado, desde 1826 hasta 1838, y, por consiguiente, el que pudo cosechar mejores resultados, tanto en lo que se refiere al perfeccionamiento del edificio de Villanueva, como a las condiciones reglamentarias y de funcionamiento de la institución y, claro, al incremento notable de los fondos atesorados y expuestos, pero sin desmerecer un ápice el valor personal de este insigne prócer, hay que apreciar asimismo el contexto favorable en el que pudo trabajar.

Durante los doce años en los que el duque de Híjar ocupó la dirección del Prado, éste, por así decirlo, concluyó su periodo constituyente. Por de pronto, dio el impulso definitivo para consolidar la colección, que es lo esencial en todo museo que se precie, y lo hizo explotando sagazmente la hasta entonces principal fuente de recursos —las colecciones reales—, pero haciéndolo, a veces, mediante vericuetos no hollados, como la recuperación de los fondos depositados en la Academia de San Fernando por el pudoroso Carlos III, entre los que se encontraban algunos de los mejores desnudos de la historia de la pintura —los de Tiziano, Rubens y Durero—, por sólo citar lo más brillante de estas calas y requisas. En esta misma dirección de aprovisionamiento de fondos artísticos, también fue Híjar el responsable de la primera política de adquisiciones, cuyo broche de oro fue, sin duda, la compra del maravilloso *Cristo crucificado,* de Velázquez, que conservaba en París la condesa de Chinchón. En otro orden de cosas, Híjar fue asimismo el promotor de la primera gran instalación de la colección, algo que se tomó tan en serio que requirió incluso el cierre temporal del Museo. No era para menos, porque de lo que se trataba entonces era de colgar 757 cuadros, de los que 337 eran italianos, 321 españoles y 99 de las escuelas restantes. Por otra parte, hizo publicar el primer reglamento del Museo, ampliando a dos días por semana la visita pública —los miércoles y los sábados—, y dando otras instrucciones varias orientadas a proteger la buena conservación de los cuadros.

Se podía seguir haciendo recuento de otras muchas

cosas positivas derivadas de la feliz gestión de Híjar, pero, como antes señalé, también es verdad que se benefició de un ambiente decididamente favorable, que podemos describir como el de una autocracia en la que el autócrata es un entusiasta partidario del asunto y el asunto en cuestión no es polémico, encima, para nadie. En los años sucesivos, España frecuentaría los autócratas, pero, desdichadamente, sin que su supuesto amor por el Museo del Prado traspasase jamás los límites de la retórica. Con la dirección de Híjar, así pues, no sólo concluyó una primera etapa histórica de la institución, la del régimen absolutista de Fernando VII, sino también quizá la única en la que nada parecía poder lastrar la buena marcha del Museo.

8. La muerte de Fernando VII amenaza la supervivencia del Prado

De hecho, nada más morir Fernando VII comenzaron las dificultades para el Museo del Prado, algunas, además, de tal envergadura que amenazaron gravemente la continuidad del mismo, como, sin ir más lejos, la inclusión de la colección entre los bienes sujetos a libre disposición testamentaria, lo que implicaba su reparto entre los herederos y, por tanto, su fatal dispersión. Se llegó incluso a hacer el correspondiente inventario y tasación, pero, afortunadamente, primero, gracias a un aplazamiento en la ejecución de las mandas testamentarias en función de la minoría de edad de Isabel II, y, después, gracias a la resolución de una comisión que sensatamente dictaminó compensar económicamente a las restantes partes afectadas, se pudo salvar la colección y el Museo. Así y con todo, el peligro no quedó por completo conjurado hasta que, en 1865, no se vinculó el Museo al patrimonio de la Corona, lo que, en términos legales, significaba prácticamente su nacionalización.

Por lo demás, la inmediata guerra civil carlista también generó no pocas zozobras, directas e indirectas, al Museo, que comenzó a sufrir recortes presupuestarios y se vio preterido. Más allá de estas apreturas materiales, consecuencia directa del caos bélico, no deja de ser paradójico que el fin del absolutismo político supusiera un parón para una institución pública como era el Museo del Prado, aunque aún no estuviera clara su titularidad. En todo caso, es algo que debe hacernos pensar. De todas formas, lo que sí trajo el nuevo orden político fue un cambio administrativo, que se reflejó directamente en el Museo al sustituirse a los miembros de la nobleza en la dirección por los artistas, que hasta entonces eran meros asesores. Se inició de esta manera la segunda de las tres etapas, que, en este campo, se han producido en la historia del Prado hasta la actualidad: la etapa de los directores artistas, la más dilatada en el tiempo, pues duró desde 1838, fecha en la que el duque de Híjar tuvo que ceder su puesto, con bastante resentimiento, por cierto, al pintor José de Madrazo, hasta 1960, el año en que murió Álvarez de Sotomayor, siendo inmediatamente sustituido por el historiador del arte Francisco Javier Sánchez Cantón. La dirección del Museo del Prado fue, por consiguiente, ocupada por tres cuerpos o profesiones diferentes: miembros de la nobleza, artistas e historiadores del arte.

Pues bien, dejando de lado la excepcional presencia de los aristócratas, que se produjo en nuestro país tanto por pertenecer la colección al Rey, como por la artificial prolongación del Antiguo Régimen, la discusión acerca de quiénes podrían desempeñar mejor el cargo de directores de los museos, si los artistas o los historiadores, armó un considerable ruido polémico a lo largo de casi todo el siglo XIX, y, en cierta manera, aún dista de haber quedado por completo zanjada. Y es que el fundamento de la polémica tiene que ver con la ambigua naturaleza del arte mismo, si se le considera desde el punto de vista de la sensibilidad o como documento histórico. Como quiera que, por otra parte, se conciba como se conciba el Museo, no se le puede desligar de la naturaleza de los objetos que atesora, cualquier visión parcial resultará, en alguna forma, limitadora. Por eso, carecen de sentido los planteamientos corporativos en esta cuestión, cuya resolución ideal estará siempre de parte de, por así decirlo, las criaturas «mixtas»; esto es: artistas con una excelente formación histórica o historiadores dotados de sensibilidad artística, por citar las dos profesiones que tradicionalmente se han disputado más ese privilegio.

9. *La hora de los artistas*

Pero si he hecho un alto para considerar esta cuestión, aprovechando la anécdota de cómo los artistas sucedieron a los aristócratas en la dirección del Museo del Prado a finales de la década de 1830, no ha sido sólo para advertir que, durante estas dos primeras etapas, hubo por igual buenos y malos directores, fuera cual fuese su condición o profesión, como iba a ocurrir cuando le tocara el turno a los historiadores del arte universitarios, sino porque ahora mismo estamos entrando de lleno en otra época en la que la dirección de los museos está siendo progresivamente ocupada por políticos y empresarios, sin que ello tenga que significar por sí mismo tampoco el bien o el mal. En realidad, la historia nos ha enseñado que la suerte de un museo artístico no la dictan sus directores y, aún menos, en función de su formación profesional, sino la sociedad en la que están ubicados y a la que se deben, y, sobre todo, de la que dependen. En este sentido, es cierto que los políticos, representantes en teoría cualificados de la voluntad social, pueden coyunturalmente estimular la atonía de ésta o encauzarla, pero nadie puede crear un buen museo al margen o en contra de la sociedad en la que se sustenta.

La historia del Museo del Prado es, desde luego, un muy vivo ejemplo de lo antedicho. Durante los ciento setenta y cinco años de su existencia, no sólo hubo en España regímenes monárquicos y republicanos, sino toda suerte de contingencias políticas, desde cambios de dinastías a gobiernos absolutistas, constitucionalistas, revolucionarios, de derechas, de izquierdas, etc., pero ninguno tuvo el poder para cambiar el nivel cultural de la sociedad como por ensalmo. Es cierto que el museo público tiene su razón de ser y su caldo de cultivo ideal en los regímenes democráticos, mas ello en la medida en que se es comparativamente más consciente de que las instituciones culturales no se pueden construir, ni mucho menos prosperar, de espaldas a la sociedad. En cierta manera, ésa es la grave cuestión de fondo que, desde 1838 hasta hoy, asedia al Museo del Prado.

Pero, volviendo a la etapa que se inició con el nombramiento del pintor José de Madrazo, que ocupó el cargo hasta 1857, durante casi veinte años, una de las direcciones más prolongadas, excepciones hechas de las de su hijo Federico, que estuvo al frente de la institución durante veintidós años, y la de Fernando Álvarez de Sotomayor, que llegó a los treinta, si bien cada uno de ellos en dos períodos diferentes, cabe observar algunas orientaciones positivas desde el punto de vista museográfico, orientaciones que, además, dada la permanencia en el cargo, así como el casi asentamiento dinástico de la familia Madrazo en el Prado, se consolidarán y hasta se convertirán en una suerte de «estilo» que marcará la institución. En este sentido, la amplia formación cultural y el cosmopolitismo de José de Madrazo, que vivió de lleno los ambientes refinados de Roma y París en momentos bastantes cruciales, fueron bazas trascendentales. Un dato muy elocuente al respecto fue la solicitud que cursó al Museo del Louvre para que le remitiesen una copia del reglamento interno de dicha institución, lo que indicaba que José de Madrazo ya se preocupaba por dotar al Prado con una estructura administrativa y un catálogo de puestos acordes con una gestión moderna. Al poco, de hecho, presentó una propuesta de plantilla, en la que, además del director, estaban un secretario-interventor, dos restauradores, tres ayudantes de restauración, un forrador-moledor con ayudante, un conserje, once porteros y tres plantones o guardias para las entradas. Hizo también el cálculo de las correspondientes retribuciones, resultando el coste total de la plantilla la suma de 118.080 reales anuales. Importa saber que no logró su propósito, y, lo que es peor, que, cuando, tras ímprobos esfuerzos, lograba avanzar un paso en esta dirección, se veía inmediatamente superado por dos pasos de retroceso. No es de extrañar que esta insufrible falta de dotación padecida por el Museo acabara por desanimarle y fuera la causa directa de su dimisión, el 30 de marzo de 1857, después de estar bregando por espacio de diecinueve años. Más aún: ocupando ya la plaza de director su hijo Federico de Madrazo, tras el breve interregno de Juan Antonio de Ribera, el 17 de noviembre de 1866 fue publicado un real decreto que reducía la plantilla del Museo a mínimos miserables, además de rebajárseles el sueldo a los supervivientes. Era, así pues, la primera vez, pero desgraciadamente no la última, que se ponía de manifiesto la equivocación de la administración española entre «edificio», «colección» y «museo»; esto es: entre «materia» y «vida» de un museo. Y es que de poco sirve un magnífico contenedor y un extraordinario contenido, si luego se escatiman los recursos de personal y mantenimiento que hacen que la institución cumpla dignamente con su función. En definitiva: que el Prado tuvo y sigue teniendo una de las más extraordinarias colecciones artísticas que atesorarse pueda, pero le faltaron y aún le siguen faltando esos recursos de toda índole que podrían hacerle acreedor al título de gran museo.

Significativamente, José de Madrazo no encontró resistencias semejantes en los restantes campos en los que se propuso actuar, como en la terminación de lo que aún quedaba por construir del proyecto de Villanueva —el cuerpo central, en forma basilical, que pudo inaugurarse el año 1853, según la interpretación del arquitecto Narciso Pascual Colomer—; la notabilísima incorporación de obras maestras, resultando espectacular la que se llevó a efecto a partir de las entonces soberbias y mal cuidadas del Escorial; o, en fin, la nueva instalación de la colección, que, tanto por las nuevas y muy notables incorporaciones como por la sensata revisión de lo amontonado en los almacenes, supuso un cambio cuantitativo y cualitativo de proporciones sorprendentes. La nueva instalación fue inaugurada el 27 de abril de 1839, contando con seis nuevas salas de pintura y una de escultura, y, si hacemos caso de lo que se registraba en el catálogo del Museo en su edición de 1843, resulta que había expuestos 1.833 cuadros, más las esculturas y relieves, y, sobre todo, el maravilloso conjunto del llamado «Tesoro del Delfín», por cuya posesión peleó José de Madrazo denodadamente. Todo esto indica que, respecto a las existencias de 1828, el Prado había prácticamente doblado el número de obras de arte en exhibición y que éstas estaban además presentadas en unas condiciones de limpieza e iluminación desconocidas hasta entonces.

Desde luego, hubo otros mil detalles comparativamente menudos que enaltecen la gestión de José de Madrazo y su modernizadora visión de lo que debía ser el Museo, hasta el punto de que, como antes sugerí, creó un «estilo». Se ironiza, a veces, a costa de lo que la perdurabilidad de este estilo pudiera tener que ver con la entronización de su estirpe familiar en la historia del Museo, no sólo porque, como se ha dicho, su hijo Federico ocupara el cargo de director también por espacio de décadas, sino por la relación habida con la institución por otros miembros de la familia. No obstante, y a pesar de que siempre hay borrones que maculan una trayectoria, sobre todo cuando ésta se extiende tanto a lo largo del tiempo, un balance ponderado de lo que supuso el paso de los Madrazo por el Prado arroja un saldo más que positivo.

Así las cosas se podría casi dar un salto en la historia del Museo del Prado hasta fines del siglo pasado, cuando aún regía la institución Federico de Madrazo, pues falleció éste siendo director en 1894, sin registrar ningún cambio sustancial, salvo el importantísimo ya reseñado de la «nacionalización» de la colección, o el que vamos a tratar a continuación, de pareja trascendencia, aunque no de tan benemérita resolución. Me refiero al peliagudo asunto del «Museo de la Trinidad» y su fusión con el del Prado, que tuvo efecto legal por el correspondiente Real Decreto de 22 de marzo de 1872.

10. *El peliagudo asunto del Museo de la Trinidad*

El Museo Nacional de la Trinidad, abierto al público el 24 de julio de 1838, fue creado como consecuencia de la célebre ley de desamortización de los bienes de las órdenes religiosas, decretada, en 1835, por el ministro de Hacienda, Juan Álvarez Mendizábal. A causa de esta ley, el Estado se halló como imprevisto tutelador de una fabulosa suma de obras de arte desamparadas. Hay que tener en cuenta que la Iglesia y, en especial, las órdenes religiosas habían constituido una de las fuentes privilegiadas de mecenazgo artístico durante los siglos anteriores. El caso es que, abandonados cientos de conventos e iglesias, el peligro de destrucción o expolio de una parte sustancial del patrimonio artístico creó una justificada alarma social. En consecuencia, se nombraron comisiones de salvamento y, como lógico colofón, se ideó crear un museo en el que se pudieran depositar y visitar estos bienes. Se eligió para tal efecto el exclaustrado convento de la Trinidad, cuya puerta principal se abría a la céntrica calle de Atocha, pero que también comunicaba con la calle Relatores y la plaza del Progreso; vamos, un convento en el corazón mismo de Madrid. La primera requisa supuso un monto de 900 cuadros, que no hizo sino aumentar por la misma vía de provisión o por otras, como la incautación de la colección del infante Sebastián Gabriel de Borbón, hermano de Fernando VII. De esta guisa, hubo una primera inauguración oficial del Museo Nacional de la Trinidad, tal y como se dijo, el 24 de julio de 1838, y otra, años más tarde, el 2 de mayo de 1842.

Por las fechas y el ambiente político que entonces se respiraba en España, no puede descartarse que el proyecto de este Museo Nacional no estuviera complementariamente cargado de una cierta intención de competir, desde la nueva perspectiva del nuevo mecenazgo oficial, patrocinado por el Estado, con el Museo del Prado, que no en balde seguía siendo el Museo Real de Pinturas, iniciativa y propiedad de la familia real. Sea como sea, el Museo de la Trinidad se puso en marcha con una colección básicamente de pintura religiosa, de valor muy desigual, pero, con todo, contando con nombres relevantes de los mejores maestros de la pintura española. El insigne historiador Gregorio Cruzada Villaamil, que llegó a ocupar la subdirección del Museo, publicó, en 1865, un ejemplar catálogo de lo más excelente entre lo conservado en dicha institución —de los 1.739 existentes seleccionó 599, además de incluir los 760 cuadros de pintores del xix que habían sido premiados en las Exposiciones Nacionales de Bellas Artes—, catálogo que nos da cumplida cuenta tanto de la cantidad, como, sobre todo, de la calidad de lo allí atesorado.

Ahora bien, si el Museo del Prado, a pesar de la directa tutela real y del notabilísimo prestigio internacional que había alcanzado, debió padecer las dificultades que antes hemos descrito, no hace falta ser muy imaginativo para inferir las que sufrió el Museo Nacional de la Trinidad prácticamente desde su inauguración o inauguraciones. En realidad, por escatimársele hasta lo más elemental, se llegó a discutir hasta su sede, que fue destinada, sin solución alternativa para el Museo, a Ministerio de Comercio, Instrucción y Obras Públicas. Dadas las circunstancias, no resulta nada extraño que, al margen de que así lo recomendase en un apasionado folleto el erudito Vicente Poleró, finalmente se acordase la fusión del Museo de la Trinidad con el del Prado en la fecha anteriormente consignada del 22 de marzo de 1872. En todo caso, no puedo dejar de recoger aquí las críticas que *a posteriori* suscitó y, en algún caso, todavía suscita dicha decisión, aunque personalmente me parecen infundadas. En primer lugar, porque los hechos mismos demostraron que mal podía hacerse cargo un país de dos museos cuando se había demostrado que el mantenimiento elemental de uno solo le venía grande, pero, también, en segundo, porque la estrategia inicial del salvamento del patrimonio artístico por parte de una nación pobre y desunida se basa en la concentración. Por lo demás, el hecho de que, dada la irresponsable incuria de la Administración y de la sociedad españolas en relación con estos temas, el efecto de la fusión fuera precisamente el contrario, como enseguida explicaremos, no sólo no quita bondad al principio, sino que, aún menos, garantiza que el mantenimiento contra corriente del Museo de la Trinidad, si ello hubiera sido posible, deparara una mejor suerte que la que padecieron los cuadros en él almacenados.

En fin, que lo que ocurrió tras la decretada fusión no fue sino el comienzo de una alocada dispersión de fondos por toda la geografía española, recalando en los sitios más peregrinos y en las peores condiciones que imaginarse pueda. La razón era bien sencilla, pues ¿de qué forma habría de recoger el Museo del Prado ese súbito aluvión de millares de obras, cuando, a la sazón, apenas si contaba con espacio disponible para exhibir y almacenar las propias? La causa del reprobable desastre no se debió, en todo caso, a la iniciativa de la fusión, sino al no haber previsto la necesidad de dotar con nuevos espacios al Prado, o, si esto circunstancialmente no era posible, al no haberle dotado con los medios correspondientes para haber procedido a una muy bien pensada política de depósitos. Que esto es así lo demuestra el hecho de que hubo de transcurrir más de un siglo y promediar un verdadero escándalo para que se iniciara la adecuada corrección del dislate.

Por tanto, lo peor fue que el reparto de depósitos se hiciera sin garantizar ni el porqué, ni el cómo, ni siquiera el para qué, con lo que, enseguida, cualquier personajillo, circunstancialmente investido con la mínima autoridad, pudo retirar fondos del Prado prácticamente para lo que le viniese en gana, y sin que el Museo tuviera el menor control efectivo acerca de la situación en la que quedaba la obra prestada. Hay que añadir que este nefasto hábito arraigó con fuerza en la Administración española, fuera cual fuera el régimen político del momento, y que, increíblemente, no se tomaron cartas en el asunto hasta prácticamente la segunda mitad de la pasada década de los setenta, cuando, ya iniciado el proceso de la transición democrática de nuestro país, y luego de ser aireado el asunto por la prensa y de intervenir un juez, se intentó el inventario, la localización y la revisión de estos depósitos. A. E. Pérez Sánchez, que participó directamente en este proceso, publicó algunos ejemplos escalofriantes de la suerte padecida por estos depósitos, además de constatarse la desaparición de unos pocos centenares. Todavía en 1969, Diego Angulo, entonces director del Museo del Prado, publicó una crónica histórica de éste con motivo de la celebración en ese mismo año del 150 aniversario de la institución, crónica en cuya parte final, además de señalar la imperiosa necesidad de una adecuada climatización que preservara a los cuadros de la contaminación y de requerir un drástico aumento del número de celadores, sin que —según allí decía— ninguna de las dos iniciativas obtuvieran respuesta positiva por parte del Ministerio, también trataba el aún no resuelto problema de los depósitos. «Parece razonable —afirmaba literalmente Angulo— que la mayor parte de los cuadros del Museo que se encuentran distribuidos por toda España en edificios donde sólo realizan una función decorativa y de los que sólo disfrutan pocas personas, se redistribuyesen formando colecciones sistemáticas que pasasen a ser expuestas en salas a ellas dedicadas en los principales museos, durante un periodo de un corto número de años, y donde fueran reemplazadas periódicamente

42

previa revisión y restauración por la Dirección del Prado y su taller de restauración, por las expuestas en los otros museos.»

Es cierto que un cuarto de siglo después de lo demandado por Angulo el Museo del Prado ha hecho o está en vías de hacer casi todo lo que este insigne profesor reclamaba en el citado artículo, pero medítese, a propósito de este asunto, lo rápido que se destruye y lo lento que resulta corregir y reparar lo destruido: ¡un siglo de incuria y dispersión y veinticinco años para reconducir la situación! ¡A fe que las cosas del Prado van despacio!

11. *El Museo del Prado durante la Restauración*

Mas volviendo a retomar el hilo histórico donde lo dejamos, la rápida y convulsa sucesión de acontecimientos políticos que, desde el destronamiento de Isabel II hasta la restauración en el trono de su hijo Alfonso XII, agitaron a España, no supusieron otros cambios para el Museo del Prado que los ya reseñados, pero agravaron su estado de penuria. Así, cuando Federico de Madrazo retornó al puesto de director que había tenido que abandonar trece años antes, en 1868, por causas políticas, se encontró con que, a causa de la endémica penuria de medios que se venía agravando desde que su padre dimitió del mismo cargo, allá por 1857, el Museo del Prado se había convertido en una especie de Patio de Monipodio, con familias enteras que tenían instalada su vivienda allí y otros peligrosos disparates de este jaez. A lo que se vio, no supo o no pudo poner remedio eficaz a la situación, de manera que, diez años después de su reingreso, se organizó un curioso escándalo, que merece un comentario aparte.

El 25 de noviembre de 1891 el periódico *El Liberal* publicó un reportaje, firmado por Mariano de Cavia, con el siguiente escalofriante titular: *«La catástrofe de anoche: España está de luto. Incendio del Museo de Pinturas.»* Aunque la noticia era evidentemente falsa, el sagaz periodista daba pelos y señales de la catástrofe e indicaba cómo ésta se había producido precisamente a causa de las lamentables condiciones que antes hemos señalado y cómo, una vez desencadenada, nada había podido hacerse para pararla. A resultas de la verosimilitud del relato, muchos madrileños acudieron, alarmados, al lugar de autos, sin que la comprobación directa de la falsa alarma disipara su preocupación, que era el objetivo buscado por Mariano de Cavia. De manera que lo que se había consentido durante años, con total indiferencia por parte de la Administración y de la sociedad misma, produjo repentina contrición, aportándose de inmediato las medidas correctoras más urgentes. Desde este punto de vista, es innegable que el artículo de Mariano de Cavia merece el abundante elogio que tradicionalmente ha suscitado, pero también debe hacernos pensar el que haga falta enarbolar falsas o verdaderas tragedias para que nuestros políticos y nuestra opinión pública presten atención a lo que resulta cotidianamente evidente para cualquier visitante del Museo del Prado. Y es que mientras el Museo del Prado necesite, como todavía sigue necesitando, titulares de medios de comunicación de masas —muchas veces, además, sin el criterio del de Cavia—, mal le irán las cosas a nuestra principal institución artística.

Sea como sea, con el Museo definitivamente nacionalizado, no hubo otros particulares cambios administrativos, desde fines del siglo XIX hasta la actualidad, que los muy relevantes de la creación de un Patronato, que data de 1912, y la conversión de la institución en Organismo Autónomo a partir de 1985. También se podría reseñar a este respecto, pero desde una perspectiva más anecdótica, el cambio en la extracción profesional de los directores a partir de 1960, fecha en la que muere, siendo director del Prado, el pintor Álvarez de Sotomayor, y es sustituido en el cargo por el historiador del arte universitario Sánchez Cantón. Desde entonces y hasta la fecha, los sucesivos directores han sido casi todos, en efecto, historiadores del arte universitarios —Angulo, Xavier de Salas, Pita Andrade, Pérez Sánchez, Garín y Calvo Serraller— y, cuando no, el musicólogo Federico Sopeña o el arqueólogo J. M. Luzón, asimilables a aquéllos por su competencia científica y probada experiencia museológica.

Por lo demás, con la creación de un Patronato se pretendía tutelar la institución mediante el consejo independiente de destacadas personalidades de la cultura y la sociedad españolas, una forma de implicar o interesar en la buena marcha del Museo a lo que hoy se denomina la «sociedad civil». En esta misma dirección, aunque en este caso al margen por completo de la Administración, también conviene resaltar la creación, en 1980, de la Fundación de Amigos del Museo del Prado, que es una fundación privada, al estilo de otras que hoy proliferan por todo el mundo, cuyos socios aportan desinteresadamente fondos para la adquisición de nuevas obras para la colección o el fomento de actividades diversas que el Museo no puede atender con sus siempre limitados recursos. El convertir el Museo del Prado en Organismo Autónomo busca, por su parte, una mayor agilidad en la gestión del mismo, algo esencial cuando el crecimiento del personal que trabaja en la institución ha superado ya los 400 individuos, por no hablar de la multiplicación de los servicios y, en fin, la complejidad del presupuesto, cuya cuantía, desde aproximadamente el ecuador de la pasada década de los ochenta, excede los 2.000 millones de pesetas anuales.

El seguimiento del curso histórico del Museo del Prado desde su fundación ha puesto en evidencia cómo la suerte de éste va estrechamente ligada a la propia historia del país, que no ha sido precisamente un modelo de estabilidad. De hecho, el Museo ha vivido la mayor parte del tiempo acosado por un peligro potencial casi constante, y asombra, en función de ello, el que apenas haya sufrido daños de consideración, al margen de los ya reseñados de la descuidada dispersión de una parte de sus fondos. Téngase en cuenta que, en alguna ocasión, tuvo hasta que expatriarse, como acaeció durante la guerra civil de 1936-1939, cuando, para evitar el efecto letal de los bombardeos sobre Madrid, se trasladó lo más importante de la colección, primero, a Valencia, y, poco después, a la ciudad suiza de Ginebra. Afortunadamente, tampoco el Museo ha sido jamás castigado por ninguna catástrofe natural, ni accidente realmente grave, como robo o destrucción de alguna de sus piezas maestras, o como ese incendio imaginario que denunció en su momento Mariano de Cavia. En 1918, eso sí, se advirtió la desaparición de parte de las alhajas del Tesoro del Delfín, pero ni este episodio, ni otros similares, han ocasionado nada que se parezca a lo producido por la incuria político-administrativa, como fue el caso flagrante, antes ya denunciado, de la dispersión incontrolada de parte de sus fondos, una cuestión hoy ya casi por completo solucionada.

Lo que se hizo al respecto fue, aunque no sin que antes mediasen denuncias en la prensa y una instrucción judicial, un inventario de lo prestado, procediéndose a su localización exacta, análisis de la situación de cada obra encontrada y, si el caso lo requería, levantamiento provisional o definitivo del correspondiente depósito en aras de garantizar su conservación. A continuación, se procedió a poner en práctica una política racional de depósitos en la misma línea que demandaba, allá por 1969, con motivo del 150 aniversario de la institución, el que entonces era su director, Diego Angulo; esto es, si recordamos el escrito de éste, antes reproducido, que se procurase que los tales depósitos afluyeran prioritariamente a lugares abiertos a la contemplación pública y donde estuvieran convenientemente resguardados, lo que significa, en una palabra, que se prestasen prácticamente sólo a museos. Aunque todavía hoy estamos lejos de cumplir este objetivo, pues no pocas veces la dirección del Museo se topa con la resistencia numantina de las instituciones oficiales implicadas, al menos actualmente no sólo se tiende irremisiblemente a ello, sino que, además, mientras tanto, el control sobre los depósitos es total y continuado. Por otra parte, el Museo del Prado, con sus tres mil obras esparcidas por todo el territorio del Estado español, puede enorgullecerse de ser uno de los museos nacionales más descentralizados del mundo, ya que no sólo se limita a esta generosa distribución de fondos, que, a veces, constituye el cuerpo fundamental de la colección de no pocos museos de las diversas autonomías, formando con ello lo que expresivamente se conoce, ahora con sentido positivo, como «el Prado disperso», sino que también lleva a cabo una política de exposiciones temporales de carácter itinerante, que recorren casi todo el país año tras año, política que, expresivamente, también recibe la denominación de «el Prado itinerante».

12. *Los reyes españoles como mecenas de las artes*

Llegados a este punto, conviene comentar también algo a propósito de la colección del Museo del Prado, que actualmente cuenta con más de diez mil obras de todo tipo, cifra verdaderamente espectacular, sobre todo si se recuerda que se inauguró con tan sólo 311 cuadros de pintura española. Pues bien, como se ha comentado, el origen y la parte cualitativamente esencial de esta colección procede de lo atesorado por los reyes españoles a lo largo de los siglos, lo que significa que el Prado cuenta con lo adquirido en su momento por monarcas como, entre otros, Pedro el Ceremonioso (1319-1387), Alfonso el Magnánimo (1396-1458) o la mismísima Isabel la Católica (1451-1504), a través de cuya testamentaría sabemos que legó al morir 350 pinturas, entre otros muchos objetos artísticos. De todas formas, a partir del siglo XVI, cuando se difundió por toda Europa occidental el modelo cortesano de colección creado en la Italia del Renacimiento, este asunto alcanzó en nuestro país unas proporciones formidables, ya que, desde Carlos I hasta Fernando VII, no hubo titular de la Corona española que no prestase atención al coleccionismo artístico.

Desde luego, el impulso dado al tema por la dinastía de los Austrias españoles no encontró parangón en Europa, como así lo acreditaron principalmente Carlos I, Felipe II y Felipe IV, a quienes el Museo del Prado debe una parte principal de lo mejor de sus actuales fondos, pero ello no quita mérito a lo ulterior llevado a cabo por la dinastía borbónica, sobre todo si se piensa que lo realizó en unos momentos históricos mucho menos venturosos que los anteriores. En todo caso, es a partir de Carlos I cuando, como antes se apuntó, se planteó un ideal moderno de colección artística, lo que posteriormente fue refrendado por su hijo Felipe II, no sólo continuador del criterio y el gusto paternos, sino también el primero en preocuparse por buscar un buen emplazamiento estable para lo atesorado, lo que significó desplegar la colección, hasta entonces ubicada en el Alcázar madrileño, en nuevos lugares, como el Palacio del Pardo y el Real Monasterio de San Lorenzo del Escorial, donde se llegaron a reunir más de un millar de pinturas.

Pero si el gusto de estos primeros Austrias españoles, formados en la elegante corte borgoñona, cuya exigente etiqueta adoptaron, fue refinadísimo, aún quizá más importante fue la pasión demostrada por el arte, una pasión de la que tenemos cumplida cuenta, más allá de la mera acumulación de objetos, en el ansia compulsiva que pusieron para conseguir lo que amaban, tal y como, por ejemplo, nos revela la correspondencia conservada que padre e hijo cruzaron con Tiziano. Este dato tiene más importancia, insisto, que lo que asépticamente se puede deducir del crecimiento material de la colección, según se reflejó en los correspondientes inventarios testamentarios, ya que será la pasión la que marcará con una impronta indeleble el sello del gusto español, tal y como, por extensión, se le reconoce a la por eso así llamada Escuela Española y, naturalmente, tal y como todavía hoy se puede distinguir la personalidad del Museo del Prado.

13. *Una colección con marcada personalidad*

El Museo del Prado posee, efectivamente, y dicho con toda rotundidad, una de las colecciones con más personalidad entre las existentes hoy en todo el mundo, algo que implica virtudes, pero también defectos, ya que a veces atesora de un autor o de una escuela hasta el exceso, mientras que sus ausencias son asimismo clamorosas. La razón es que el Museo del Prado, quizá fascinado por ese signo pasional que marcó lo más feliz de su colección original, renunció al ideal de colección enciclopédica característico de la época contemporánea y que, de hecho, han cultivado casi todos los museos históricos de nuestra época. Digamos que la colección enciclopédica es la que pretende, según criterios heredados de la Ilustración, poseer ejemplos representativos de todo lo artísticamente significativo que se ha producido a lo largo de toda la historia del arte, procurando, además, que el conjunto sea lo más equilibrado posible. El Prado, sin embargo, resulta definitivamente insuperable en lo que tiene de bueno y casi está ya obligado a renunciar a rellenar sus estruendosas lagunas. Bueno o malo, en cualquier caso, esto no sólo le distingue, sino que distingue asimismo la sensibilidad artística nacional, ya que parece concebido como una colección hecha a la sombra del gusto artístico español, una colección que refleja eso que a los románticos les daba por llamar el «espíritu de un pueblo». Por lo demás, es probable que la consolidación tan cerrada de ese gusto artístico español fuera debida al progresivo aislamiento internacional de nuestro país a partir del siglo XVII, pero el desencadenante original del mismo fue esa forma pasional de coleccionar que implantaron los primeros Austrias, de la que pronto se contagiaron los principales nobles cortesanos españoles. En este sentido, sólo así se entiende la pasión que por Tiziano y, en general, por los pintores venecianos demostraron Carlos I y Felipe II, pero también, más exótica y anacrónicamente, la que este último sintió por El Bosco, o, en fin, la que sucesivamente acreditaron Felipe IV por Rubens y Velázquez, y, dando un salto en el tiempo, Carlos IV por Goya.

Así que, sean cuales sean sus ausencias, a veces dictadas por la historia y otras por ese gusto refractario que nos hizo perder la oportunidad en su momento, ¿quién, cabe preguntar, puede, con todo, aspirar a conocer, no ya la Escuela Española, sino la veneciana o la flamenca, sin visitar el Museo del Prado? ¿Quién puede aproximarse a figuras singulares de extraordinario porte, como Tiziano, Rubens, Velázquez o Goya, si no gira frecuentes visitas al museo madrileño? Y es que el Museo del Prado, genio y figura, refleja como ningún otro una tradición histórica, un gusto y, en efecto, una pasión, esa pasión que ha llevado a afirmar al pintor español actual Antonio Saura que el Prado es, si no el más extenso, sí el más «intenso» de entre todos los museos.

Mas si el Museo del Prado recibió un fuerte espoleamiento a fines del siglo pasado, no sólo al socaire de esa denuncia del falso incendio que eficazmente aireó Mariano de Cavia, sino también aprovechándose del clima de regeneracionismo nacional, propiciado en esa misma década por la pérdida de las últimas colonias ultramarinas, aún debió sufrir posteriormente otras agitaciones y polémicas dirigidas asimismo a cubrir sus muchas deficiencias estructurales y funcionales. De hecho, desde que comenzó el siglo xx se puede percibir cómo la Administración es más sensible y se esfuerza comparativamente más en atender las necesidades del Prado, quizá porque siente que la opinión pública, nacional e internacional, está mucho más pendiente de la suerte de éste. Esto explica las periódicas obras de ampliación y modernización del edificio, así como la creación del Patronato y otras reformas ya comentadas. También desde entonces se empiezan a organizar exposiciones temporales, se modifican las condiciones de exhibición de la colección permanente, se editan catálogos y guías cada vez más completos o se organizan diversas actividades culturales complementarias, como cursos de arte o ciclos de conferencias. Por último, comienzan a multiplicarse los legados de particulares, como los de Durán, Bosch, Cambó o Villaescusa, lo cual tiene particular importancia para el Prado dada la casi inexistencia de dotación presupuestaria oficial en este fundamental capítulo y avalora la generosidad de estos donantes privados dada, a su vez, la prácticamente nula estimulación con que la Administración premia en España esta fuente de enriquecimiento patrimonial y, a veces, la indiferencia con que la sociedad española misma los acoge, reflejada, además, en la actitud incomprensiblemente adoptada al respecto en no pocas ocasiones por parte de los responsables del propio Museo.

Sea como sea, los cambios se van haciendo notar, además de por lo antes señalado, por el valor simbólico que progresivamente otorgan al Museo del Prado los sucesivos gobiernos y los españoles mismos. Un reflejo vivo de todo esto se pudo apreciar no sólo en los momentos dramáticos de la guerra civil de 1936-1939, cuando se adoptaron excepcionales medidas de seguridad para proteger al Museo de cualquier eventualidad trágica, medidas que gozaron del fervor y hasta de la espontánea colaboración de la población madrileña, sino también en el hecho de que el amenazado gobierno de la segunda república decidiera nombrar director de la institución a Pablo Picasso, entonces ya consagrado como una figura artística internacional, un nombramiento que desde luego no fue pensado para que el genial artista español, afincado en París, ocupara el cargo de manera efectiva, pero que revela la conciencia de la altísima estimación que entonces suscitaba el Museo y el arte español por todo el mundo.

14. *Avatares de posguerra*

Así y con todo, la propia guerra civil y el terrible empobrecimiento del país en la posguerra, agravado por el cerco internacional al que fue sometida la España dominada por la dictadura del general Franco, no fueron el mejor caldo de cultivo para mejorar sustancialmente la suerte del Museo del Prado, que sobrevivió un poco a trancas y barrancas, sin que se pudiera resolver ninguno de los problemas de fondo heredados, ni tampoco afrontar los nuevos que se fueron planteando. De todas formas, la última crisis histórica grave padecida por el Museo se comenzó a larvar aproximadamente a partir de la década de los sesenta del presente siglo, cuando se hizo notar la presión ejercida en este tipo de instituciones por el entonces incipiente turismo cultural de masas, que era fruto, a su vez, del espectacular crecimiento económico de la mayor parte del mundo occidental. A partir de entonces, los grandes museos de todo el mundo vieron desbordadas todas sus expectativas tradicionales, no sólo porque se multiplicó por mil el número de sus visitantes, sino porque variaron cualitativamente sus exigencias. A causa de ello, los museos debieron acometer nuevas reformas estructurales en el edificio y en la forma de funcionar, y no ya, o no sólo, como era habitual, por la búsqueda de espacios más holgados para dar cabida a nuevas obras o para una exhibición más apropiada de las antiguas, sino, sobre todo, para atender al público de una forma más adecuada, lo que suponía disponer áreas de recepción, de formación, de recreación, de descanso, etc., junto a otros muchos y muy diversos servicios, lo que revolucionó, en el fondo y en la forma, la vida de los museos.

Por lo demás, la afluencia masiva fue causa de que se generase una honda preocupación por las condiciones ambientales de conservación de las obras, ya de suyo amenazadas por el fenómeno de la contaminación atmosférica de las ciudades. Se hizo entonces imprescindible dotar a los museos con una climatización artificial, multiplicar los sistemas de vigilancia y reforzar los talleres de restauración. Por último, se varió por completo el criterio de museo, que pasó de ser un simple mausoleo yerto a un organismo vivo, que debería en principio ser capaz de organizar cuantas actividades culturales se requiriesen sin por eso desatender las labores de investigación y estudio que le eran consustanciales. Podríamos seguir así haciendo recuento de todo ese interminable catálogo de novedades que la nueva situación social produjo en relación con los museos, pero creo que con lo antedicho basta para hacerse una idea del formidable problema que casi súbitamente se planteó.

15. *La revolución pendiente*

Pero, si antes de tratar acerca de cómo afrontó este problema el Museo del Prado, he querido dejar constancia de su naturaleza universal a partir de aproximadamente la década de los sesenta, que es cuando se manifestó en toda su virulencia, ha sido porque ahora seguimos pagando no haber sabido reaccionar a tiempo. No es ciertamente que no se hiciera nada —el Prado acometió la climatización artificial a fines de los setenta, y, durante los últimos quince años, ha visto multiplicado el número de algunos de los segmentos de su personal, como el de celadores, además, como ya se ha recalcado, de haber ampliado su espacio mediante la creación de nuevas salas de exhibición, la incorporación del adyacente Casón del Buen Retiro o, en fin, el incremento comparativamente espectacular de su dotación presupuestaria y su conversión en Organismo Autónomo—; no obstante, todas estas medidas tomadas con las precipitadas urgencias de lo acometido a destiempo no han sobrepasado jamás la categoría del simple parcheo, que, apenas lograba cubrir una clara deficiencia, ponía en evidencia otras tantas, cuando no las generaba, como, por ejemplo, ocurrió con el tema de la creación de nuevos espacios para oficinas, talleres, tiendas o cafetería que se hacía a costa de restar espacio de exhibición. En este sentido, se puede afirmar, sin exagerar, que el Museo del Prado continúa aún hoy sin haber acometido su revolución pendiente, la revolución de su modernización en el sentido que se plantea en todo el mundo a partir de los años sesenta, lo que es como decir —y es bastante triste decirlo— que actualmente el Prado posee una de las mejores colecciones artísticas del mundo, pero que no es plenamente un museo, porque un museo es hoy más que una simple colección.

Cuando se piensa que, con motivo de la celebración de su segundo centenario, que tuvo lugar en 1993, el Museo del Louvre ultimó sus obras de remodelación por un importe global de 180.000 millones de pesetas, lo que, entre otras cosas, le permite recibir, en las mejores condiciones, a un número de visitantes que ronda los veinte millones al año, y lo comparamos con la situación actual de nuestro primer Museo, que viene reclamando inútilmente desde hace años lo más elemental y urgente —más espacio físico, más medios humanos y técnicos, más presupuesto ordinario, un sistema de administración más ágil y eficaz, etc.—, se comprende que el brutal desajuste entre ambos museos no responde únicamente a la diferente renta per cápita de ambos países, sino a una radical diferencia de actitud respecto a la institución por parte de las respectivas sociedades y sus representantes políticos. El 19 de noviembre de 1994 se celebra el 175 aniversario de la fundación del Museo del Prado y ello por el momento no ha servido sino para que la sociedad española ocasionalmente se alarmase por la presencia de unas inoportunas goteras en la sala donde se exhiben los cuadros de Velázquez, prueba del mal estado de las cubiertas, y, al socaire de algunos otros puntuales escándalos de parecido jaez, para que el Ministerio de Cultura anunciase, siempre al calor de titulares de prensa, algunos proyectos vagos de reforma en espera de un futuro mejor. ¡Ojalá tengan el más feliz y pronto cumplimiento!, pero, entretanto, no podemos olvidar que la incumplida promesa de dotar con un nuevo edificio alternativo al Museo, cuando finalmente se le arrebató el Palacio de Villahermosa que le había sido asignado en 1986, sigue en pie en el momento de escribir estas líneas, o, aún peor, que, en 1992, le fue sustraído el Legado Picasso y una buena porción de las mejores obras de la vanguardia histórica que le habían sido específicamente donadas por sus autores o por sus propietarios.

Este último tema tiene mayor importancia que lo que por sí mismo revela cualquier despojamiento arbitrario infligido a una colección de la categoría de la del Museo del Prado, ya que nos plantea cómo debemos concebir la naturaleza *histórica* de cualquier museo, a partir de cuya confusión se pueden derivar no pocos males para la institución afectada, que así puede ver arrebatado el propio sentido que originalmente justificó su existencia. Quiero decir que el Museo del Prado contiene no sólo obras maestras de pintura de los últimos cinco o seis siglos, sino también un formidable conjunto de esculturas clásicas y modernas, algunas de las cuales se remontan en antigüedad a seis siglos antes de Cristo, como la cabeza de un funcionario egipcio, por no hablar de otras, grecorromanas, que fueron expresamente adquiridas en Italia para Felipe IV por el mismísimo Velázquez, pero que, además, posee formidables ejemplos de artes suntuarias e industriales de todas las épocas, culturas y civilizaciones. Por otra parte, tampoco conviene olvidar que el Museo del Prado acogió obras de arte contemporáneo de la forma más natural hasta fechas relativamente recientes, lo que explica la presencia en su colección de obras de los siglos XIX y XX, cuya pobreza artística comparativa fue, en todo caso, el resultado de la decadencia, la conflictividad y el aislamiento de nuestro país durante la época contemporánea. Es verdad que el surgimiento de los museos llamados de arte contemporáneo obligó coyunturalmente a definir en nuestro país y en otros los límites de los museos históricos, tratando de preservar a éstos del embate de las modas al dictado de la cada vez más enervante actualidad, a la vez que se trataba así de defender mejor las propuestas de vanguardia inicialmente rechazadas por la mayor parte de la sociedad, pero este nuevo acoplamiento de las colecciones públicas no puede llevarse a cabo impidiendo el desarrollo natural de museos como el Prado, que, por naturaleza, ha de estar preparado para recoger, con la debida perspectiva, lo que cada sucesivo presente aporta artísticamente, en cuanto, como es ley natural, ese presente se transforma de súbito en pasado. Debe hacernos meditar que el hasta hace poco considerado máximo heraldo de la vanguardia artística del siglo XX, Pablo Picasso, se convertirá en breve —dentro de seis años, ahora que estamos en 1994— en un artista nacido ¡hace dos siglos!, pues, como es sabido, el genial malagueño vino al mundo en 1881, durante del siglo XIX, lo que históricamente le ubicará, en cuanto traspasemos el umbral del muy próximo siglo XXI, en el mismo lugar en que cronológicamente situamos hoy a Goya.

Aunque no esté directamente en nuestras manos intervenir en el destino del Museo del Prado, sí es responsabilidad directa nuestra tener verdadera conciencia histórica de su importancia y significación, pues el amor sin conocimiento es ciego y, las más de las veces, causante de bienintencionadas torpezas. Es mi deseo que, con este rápido recorrido a través de la historia del Museo del Prado, haya contribuido en algo a enriquecer la información y el conocimiento del lector acerca de esta venerable institución, la que sin duda más acredita a nuestro país en el extranjero, pero, sobre todo, espero que con estas líneas le haya ayudado efectivamente a amarla con inteligencia, pues, sin pasión, poco se tiene que hacer en cuestiones artísticas, sea cual sea el objeto y el lugar donde en concreto esté atesorado, pero, sin pasión en el Prado, un museo que fue fruto de una pasión continuada, nada es franqueado.

En el momento presente, como enfáticamente lo he subrayado, el Museo del Prado vive su hora más crítica, ya que debe afrontar el desafío, largamente aplazado, de su puesta al día museográficamente hablando. Eso no quiere decir, ni muchísimo menos, que haya que ponerlo «patas arriba». En este sentido, quiero recordar lo que al respecto escribió el sabio Eugenio d'Ors en uno de sus ensayos más populares y reeditados, precisamente en su celebérrimo *Tres horas en el Museo del Prado,* donde, en el prólogo de la undécima edición del libro, y haciendo referencia a las mejoras habidas en el Prado, durante los años que separaban la primera y la undécima reedición, afirmaba, con su característico gusto por la paradoja, que la institución, en efecto, «había mejorado mucho, justamente como consecuencia de haberse transformado poco». Obviamente, D'Ors no se declaraba con ello refractario a los cambios que los museos, por las causas históricas que hemos comentado más arriba de su progresiva masificación, se han visto obligados a acometer, sino a la necesidad de plantearse con mucho tiento cualquier intervención en instituciones no sólo centenarias, sino con la solera —la personalidad— de la del Prado, aviso éste particularmente oportuno para los que actúan alocadamente, creyendo que el mucho mudar, sin más norte que el de las modas, es sinónimo del buen hacer. Lo que verdaderamente necesita el Prado es una radical transformación de las condiciones materiales, en las que todavía sobrevive, llevada a cabo, además, con criterio, lo opuesto a la espontánea afición española por el arbitrismo de café y periódico.

Por todo ello, quiero concluir este brevísimo ensayo histórico sobre el Museo del Prado con una cita de otro de sus más cualificados amantes, Juan Antonio Gaya Nuño, el cual, en su magnífica *Historia del Museo del Prado* escrita en 1969 con motivo de la celebración del 150 aniversario de la institución, decía lo siguiente: «En la historia comprimidísima que aquí concluye se han visto elogios y reproches, en cuya distribución se trató de proceder con la mayor justicia. Como quiera que sea, alabando cuanto quepa alabar, censurando todo cuanto merezca censura, colaborando —se desee o no— en una empresa que es de todos, de algo no hay que dudar, y ese algo lo trae la certeza de que el Museo del Prado ha sido, es y será la realidad cultural más gloriosa de España y una de las máximas de todo el planeta... El Museo del Prado es un precioso don de cuya custodia inmediata se confía, sólo a título muy relativo y precario, a un hombre, a dos, a tres, hasta el más reciente de sus celadores; mas otra guarda, otra custodia y otra estima no menos activas han de perseverar en el ánimo y en el corazón de los hombres que sigan creyendo en los valores de lo maravilloso. El Museo del Prado es nuestro museo, nuestra casa, nuestro amor, nuestro consuelo de muchísimas circunstancias negativas y contrarias. Por lo menos en cuanto a la magnitud de ese amor, todo español debería sentirse un poco director —y, naturalmente, para serlo, sentirse también primer servidor— de nuestro gloriosísimo Museo del Prado.»

Índice

Relación de ilustraciones

II

III

D. JOSÉ DE MADRAZO

IV

V

VI

VII

EXPOSITION
DES CHEFS-D'OEUVRE DU
MUSÉE DU PRADO

SOUS LE HAUT PATRONAGE DU GOUVERNEMENT ESPAGNOL, DU CONSEIL
FÉDÉRAL, DES AUTORITÉS CANTONALES ET MUNICIPALES DE GENÈVE

MUSÉE D'ART ET D'HISTOIRE
GENÈVE
JUIN, JUILLET, AOÛT 1939

ÉCOLE ESPAGNOLE: ŒUVRES DE VELASQUEZ, GRECO, GOYA, MURILLO, RIBERA, ZURBARAN, ETC.
AUTRES ÉCOLES : ŒUVRES DE MANTEGNA, RAPHAËL, TITIEN, TINTORET, VÉRONÈSE,
ROGER VAN DER WEYDEN, BREUGHEL, RUBENS, ETC.

OUVERTURE : 1er JUIN

VOYAGES COLLECTIFS ET TRAINS A PRIX RÉDUITS PENDANT L'EXPOSITION
S'ADRESSER POUR RENSEIGNEMENTS AUPRÈS DES GARES C.F.F.

PORTRAIT DE MARIE-ANNE D'AUTRICHE SECONDE FEMME DE PHILIPPE IV, PAR VELASQUEZ

VIII